U0579173

 **读** 切换到朗读模式

释 切换到注释模式

评 听对应点评

朗读模式：点标题听全文朗读，点正文听分句朗读。

注释模式：点角标听对应注释，点"_____"听单字、词解释。

张崇伟（正文朗读）

北京卫视气象主播 /《天气预报》节目主持人 / 北京市气象局气象科普宣传大使

百花录音棚

建于 1981 年，被誉为"中国摇滚乐的圣地"。曾经为唐朝、黑豹、指南针等著名摇滚乐队提供录制服务。现在还拥有强大的配音团队，和央视等各大电视台合作，为各类题材的影视动画配音、配乐。

怎样开启你的 TING 笔

 如需使用TING笔，请如图所示长按开／关键2秒直至听到开机音乐。

 用TING笔笔尖点击圆圈中心，你将听到一段音乐提示。这段音乐提示在你每次阅读点击TING书的时候都会出现。

 现在你就可以使用TING笔并体验惊喜啦！

说明：购买TING笔，请登录TING笔门户网站：
http://www.ting-pen.com

Activate TING here!
点击这里激活TING！

关注公众号 购买 TING 笔

小 萌 童 书 公 众 号 二 维 码

童年读库

—— 中华传统文化经典 ——

千字文

[南北朝]周兴嗣 著　林玮 评注

江苏凤凰文艺出版社

JIANGSU PHOENIX LITERATURE AND
ART PUBLISHING, LTD

图书在版编目（CIP）数据

千字文/林玮评注. --南京:江苏凤凰文艺出版社,2018.1
（童年读库·中华传统文化经典/周维强主编. 第1辑）
ISBN 978-7-5594-1439-7

Ⅰ.①千… Ⅱ.①林… Ⅲ.①古汉语－启蒙读物 Ⅳ.①H194.1

中国版本图书馆CIP数据核字(2017)第291576号

千字文　[南北朝]周兴嗣 著　林玮 评注

- -
选题策划　小萌童书
责任编辑　姚　丽
责任监制　刘　巍　江伟明
美术编辑　王金波
出版发行　江苏凤凰文艺出版社
出版社地址　南京市中央路 165 号，邮编：210009
出版社网址　http://www.jswenyi.com
印　　刷　北京利丰雅高长城印刷有限公司
开　　本　170 毫米 ×220 毫米　1/16
字　　数　387 千字
印　　张　36
版　　次　2018 年 8 月第 1 版，2018 年 8 月第 1 次印刷
标准书号　ISBN 978-7-5594-1439-7
定　　价　208.00 元（全四册）
- -
版权所有　侵权必究　发现图书印装质量问题，请与我联系免费调换。客服电话：（010）56421544

总序

　　一个民族的文化，在漫长的历史过程里，总会逐渐积累起来一些比较固定的，为全民族所认同的文化传统，组成这个文化传统的基本要素，包括价值观、审美趣味、行为方式，等等。

　　一个民族的文化传统在形成过程中，也总会凝聚成一些经典的文本。这些文本，以文字的形式，对文化传统作出表述。这些经文字表述而形成的文本，总会对文化的传承起到促进作用。

　　一个民族的文化传统，也不会是在封闭的状态里形成的。历史的启示是，民族的文化传统往往会在各民族文化的大交流、大碰撞中，得到对自己更有益的养料。

　　自从大航海时代以来，全球化的文化交流一直是在加速度的发展之中。这样的大交流，也促进了民族文化传统的扩展、延伸和新生。

　　中华民族有文字记载的历史已有三千年。三千年来形成的文化传统和凝聚了文化传统的经典文本，辉耀史册。而近世以来，西风东渐，中外文化的大交流，促进了中华文化及其内涵更加丰富、深厚，推动了新的生机勃勃的文化经典的诞生。

　　传统是我们的根，这个根也是在不断延伸和生长的。我们在这个民族文化中的成员，应该了解我们的"根"，也应当了解在发展中的"根"，应当了解我们的"根"也不是一成不变的，以养成在今天这个"地球村"时代里一个"世界公民"所应有的修养、气度和怀抱。有鉴于此，我们发愿编辑这套"最美中华经典爱藏文库"。

　　这套文库的书目，既有古代历史上形成的经典读物，也包括了近世西风东渐以来产生的经典作家的作品。所谓"最美"，"最"不是排斥性的"唯一"的意思，而是一个"开放性"的"涵盖"。"美"，既包括内容，也包括形式。我们也衷心希望读者能向我们推荐认为值得纳入这套文库的书目。

海纳百川，有容乃大。

是所望焉。谨序。

周维强

2017 年春天

序

在中国传统文化中，"童蒙养正"四字极为重要。

《易经·序卦传》云，"物生必蒙，故受之以蒙。蒙者，蒙也，物之稚也；物稚不可不养也，故受之以需"，说的是事物处于"萌"发状态之时，必有"蒙蔽""迷茫"之时。这是万物生长之规律，人的成长也不例外。因此，古人把针对幼儿的教育称作"蒙学"，将其受教的结果呼为"启蒙"。

《易经·蒙卦·彖辞》云，"蒙以养正"，其"象辞"又说，"蒙，君子以果行育德"，处处都显现"正"与"德"的意义。可以说，中国传统童蒙教育的核心，就是道德教育；用今天的话说，也可以认为是素养教育，是召唤其自我意识与社会责任相协调的公民教育。而为契合幼儿特点，中国蒙学教材贯以极富文学性而著称。它们凝聚了历代诸多文史大家的心血与智慧，多朗朗上口，充满诗意，又济济精粹，字字珠玑。年幼读之，可以涵泳；迨至年长，又可从中体认事理，躬身实践。幼儿读之，有开蒙之效；为人父母者读之，亦可增广见闻，发其深省——这实在与西方童蒙读物有着天壤之别。

史家唐德刚在论述胡适之倡导白话文运动对童蒙教育产生的深远影响时，曾不无深刻地反省说："那时，表兄和我虽然都已经能背诵全篇《项羽本纪》，但是上国语班时"，使用"新学制国语教科书"，只读些"有关'早晨和雄鸡'的'白话诗'"："喔喔喔，白月照黑屋……"唐德刚由是反问：

如果我们把一些智力上能接受这些宝贵文化遗产的学龄儿童们的黄金时代，给"喔喔喔"或"叮当叮"，叮当去了，岂不是太可惜了吗？

信哉斯言！而要避免这种"可惜"，中国传统训蒙读物不可不重视。

中国训蒙文献，灿灿辉煌，历有迭新。以"三百千千"为代表，《三字经》《百家姓》成书于宋，《千家诗》更晚至清朝，唯有《千字文》是早在南朝就已流行的蒙书。时为梁朝散骑侍郎的文学大家周兴嗣，奉梁武帝之命，把同僚殷铁石从王羲之书法文本中选出的一千个不重复汉字连缀成文，以供天下稚子识字之用。唐人李绰在《尚书故实》里演绎说，周兴嗣只用一夜，就完成了《千字文》，而他却因用脑过度，鬓发也在这一夜间悉皆斑白。

周兴嗣连缀起的这一千个字，不但字无重复，更兼文辞精巧，条理贯穿，俨然一册中华文明之"百科全书"，独领蒙学风骚，备受后世称赞。王世贞、顾炎武、章太炎等名家对《千字文》皆不吝赞语。而更为重要的是，这一千个字，全为韵文，四字成句，对仗工整，易于成诵，尤其适合少年儿童的记忆特点，能引起他们对祖国文字、文学与历史的强烈兴趣。

自《千字文》诞生，迄今已1400余年。在这漫长的历史中，《千字文》不但作为蒙学教材而流传四海，有日、韩、英、法、拉丁文、意大利文等多个版本，还作为书法练习之范本，不断有名家名作涌现。传说，王羲之七世孙、隋代高僧智永和尚在绍兴云门寺（永欣寺），以真草写《千字文》800余本分送浙东诸寺，引来求书者众，以至踏破寺院门槛，只能以铁皮包裹之，时人称为"铁门槛"。其实，怀素、宋徽宗、赵孟頫、文徵明等人，也都有《千字文》书法传世。这极大地提高了《千字文》的传播力度，以至代代都有同名文本出现，如唐《梵语千字文》、宋《叙古千字文》、元《性理千字文》、明《千字大人颂》……内容各异而共用一名。此外，宋真宗时编《天宫道藏》，分四百余函，目录即以《千字文》编序，起于"天"而终于"宫"。凡此种种，均可见其影响广大。

千百年来，注《千字文》者众，但能融古于今者罕。本书兼采各家精要，参考了刘宏毅、邓启铜等的注解，力求融入个人体会，释文务简，评点冀切，以便对中华优

秀传统文化有兴趣的读者能更轻便地阅读《千字文》原文，而年轻的父母也能借由此注释，更为轻松地教授子女诵读经典。倘能有一丝"养正"之功，便不失注家本意。不过，受限于见闻，篇章谬误必有不少，也盼大方指点！

林 玮

2017 年 5 月，杭州

天地玄黄，宇宙洪荒。

日月盈昃¹，辰宿²列张。

【注释】

1. 盈昃：月圆曰"盈"，日斜曰"昃"。
2. 辰宿："辰"即星辰，"宿"则指某些星辰的集合体。

【点评】

　　首句描述天地自然存在的基本状况。天为青黑地为黄，整个宇宙都形成于混沌蒙昧，形成于岩浆横溢、洪水滔天之中。太阳中正了之后又西斜，月亮圆满了之后又暂缺，星辰罗列于无边的太空中。万物从来如此，亘古未变。

寒来暑往，秋收冬藏。

闰馀¹成岁，律吕²调阳。

【注释】

1.闰馀：语出《尚书·尧典》："以闰月定四时成岁"。地球绕太阳一周需时约365又四分之一天，而农历全年只有354天或355天，因此，每过数年就要多加一个（闰）月，以补足前几年欠缺之数。

2.律吕：古人将一个八度音分为十二个不完全相等的半音，每个半音称为一律，其中奇数各律叫作"律"，偶数各律叫作"吕"，总称"六律""六吕"，简称"律吕"。《吕氏春秋·古乐》载，"昔黄帝令伶伦作为律"，用竹管奏乐，"雄鸣为六"，是6个阳律，"雌鸣亦六"，是6个阴吕，可起到调谐阴阳之效。

【点评】

这句说的是自然变幻与人文关联，赞叹先民以智慧认识天地运行之规律，以此来合理安排生产、生活，使物种繁衍，生活安定。每年春夏交替，去了又来，而秋收庄稼，冬藏粮食，人世生存亦是如此，不曾有变。先民用智慧把握自然，洞悉历法的秘密，知道积数年之闰余以并成一月，知道运用六律六吕来调节阴阳。

云腾致雨，露结为霜。

金生丽水¹，玉出昆冈²。

【注释】

1.丽水：丽江，又名金沙江，是长江的上游。长江干流在于青海省玉树州直门达以下，开始被称为"金沙江"，至四川宜宾始名"长江"。明代徐霞客经实地考证，首次提出"推江源者，必当以金沙为首"，纠正了两千多年来《禹贡》所言"岷山导江"的地理错误。宋代有人在金沙江上淘洗黄金，故明代《幼学琼林》亦有"黄金生于丽水，白银出自朱提"之句。

2.昆冈：昆仑山，又称"玉山"，为我国西部山系的主干，西起帕米尔高原东部，横贯新疆维吾尔自治区、西藏自治区间，伸延至青海省境内，全长约 2500 千米，平均海拔 5500~6000 米，在中华文化史上具有"万山之祖"的地位。女娲补天、精卫填海、嫦娥奔月、周穆王西巡、白蛇盗仙草等传说都与此山相关。昆仑山脉东缘入青海省部分产"昆仑玉"，属软玉，系和田玉之一种，为青海省国家地理标志保护产品。

【点评】

此句论述自然地理与气象万千，说明中国地大物博，各域物产不一。云气上升，遇冷而成雨，凌晨露水，遇冷而结霜；黄金产在金沙江，玉石出在昆仑山，这都是自然形成的规律或现象，而从中也能看到人们对于自然的认识与把握。

读
释
评

剑号巨阙¹，珠称夜光²。

果珍李柰³，菜重芥姜。

【注释】

1.巨阙：古代名剑，传说越王允常命欧冶子铸造了五把宝剑，其中以巨阙最为锋利。古代小说《封神演义》中，巨阙为云中子的法宝，险些除去妲己；《三侠五义》中，展昭的佩剑也叫"巨阙"。

2.夜光：古代关于夜光珠的传说，始于"隋侯珠"。《搜神记》载，"隋侯出行，见大蛇，被伤中断，疑其灵异，使人以药封之。蛇乃能走 [……] 岁余，蛇衔明珠以报之。珠盈径寸，纯白，而夜有光明，如月之照，可以烛室。故谓之'隋侯珠'，亦曰'灵蛇珠'，又曰'明月珠'"。而《庄子·让王》《淮南子》等古籍中均有对"随侯之珠"的记载，且多与"和氏璧"并列，因此《辞海》"随和"条目注曰："随侯之珠，卞和之璧，皆至宝也，故'随和'并称。"

3.李柰：均是水果之名。

【点评】

从这一句开始，《千字文》就由对天地自然的描述，转而进入了对人文生活的说明：列举古代名剑"巨阙"与名珠"夜光"；又说对人体有益的水果，以李子和柰子为佳；对人体有益的蔬菜，首推芥菜和生姜。这都是以点带面的说法，通过列举名物，说明人类文明活动对于自然的利用、改造及其成就。

海咸河淡，鳞潜羽翔。

龙师[1] 火帝[2]，鸟官[3] 人皇[4]。

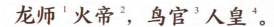

【注释】

1.龙师：《左传·昭公十七年》载，"大皞氏以龙纪，故为龙师而龙名。"传说，古代"三皇"之伏羲氏时有龙马负图出洛河，所以伏羲氏就用龙命名官员，有青龙官、赤龙官、黄龙官等，而伏羲氏就被称为"龙师"。

2.火帝：古代"三皇"之燧人氏，是华夏族群钻木取火的发明者，教人熟食，结束了人类茹毛饮血的历史，开创了华夏文明。他生活于今河南商丘一带，故商丘被中国文联授予"中国火文化之乡"称号。

3.鸟官：古代"五帝"之首少昊氏。《左传·昭公十七年》载，"我高祖少皞挚之立也，凤鸟适至，故纪于鸟，为鸟师而鸟名。" 少昊氏用鸟命名官员，有玄鸟氏、青鸟氏、丹鸟氏等，所以少昊氏被称为"鸟官"。

4.人皇：《史记·秦始皇本纪》有"天皇、地皇、泰皇（人皇）"之说，指远古时期为人类做过特别重大贡献的部落群体或其首领。唐代史学家司马贞《补史记·三皇本纪》中说，"人皇九头，乘云车，驾六羽，出谷口，兄弟九人，分长九州，各立城邑，凡一百五十世，合四万五千六百年。"

【点评】

　　从这句开始，《千字文》讲述了中国远古史。远古君王的存在，就像海水是咸的，河水是淡的，鱼儿在水中潜游，鸟儿在空中飞翔一样，乃是自然生发之事。中华远古神话是先民智慧与文明的显现，并不能简单视为史实，但更重要的是，在中国古代思想史中，上古始终是其史观不断回溯、缅怀的黄金时代。而正因为此，《千字文》将"三皇五帝"与"海咸河淡"相并列，认为都是自然之事。

始制文字，乃服衣裳。

推位让国，有虞¹陶唐²。

【注释】

1.有虞：有虞氏，是中国上古时代的一个部落。根据《史记·五帝本纪》载，有虞氏部落始祖虞幕（穷蝉），为黄帝曾孙，受封于"虞"地，即以封地为姓，号"有虞氏"；而舜为虞幕后裔，以孝闻名，而成为有虞氏部落首领，后接受尧帝的禅让，成为中原华夏部落联盟的总领。

2.陶唐：陶唐氏，也是传说中远古时代的一个部落。《后汉书·郡国志》"唐县"条引注："尧封唐"，即说尧是陶唐氏的首领。尧，又称唐尧，当了七十年君主，死时把君位让给了舜；而舜当了五十年君主，又把君位传给了禹。这一传统，史称"禅让"，即"推位让国"。

【点评】

这句话对远古时代中华民族物质文明与制度文明的创立，做了一个概括。前两句说的是物质文明，即仓颉造字、嫘祖做衣；后两句说的是制度文明，即唐尧、虞舜英明无私，主动把君位禅让给功臣贤人。

吊民伐罪，周发[1] 殷汤[2]。

坐朝问道，垂拱平章[3]。

【注释】

1. 周发：武王姬发，系西周的第一个君主。小说《封神演义》就讲述了他讨伐暴君商纣王而建立周朝的故事。

2. 殷汤：成汤，系商朝的第一个君主。商汤率众讨伐夏朝暴君桀后，在亳（今河南商丘）建立商朝，之后为避自然灾害与内乱，商朝国都频繁迁移，至盘庚迁殷（今河南安阳）后始稳定达二百多年。所以商朝又称"殷"或"殷商"。

3. 垂拱平章：语出《尚书·武成》："淳信明义，崇德报功，垂拱而天下治。"就是说，什么都不用做，只要垂衣拱手，天下就能实现熙熙之太平。

【点评】

这句开始由上古转入讲述中国的王朝政治。商朝开国之君成汤与周朝开国之君武王，都以安抚百姓、讨伐暴君而开创新的王朝。贤明的君主只要坐在朝廷之上，向满朝文武询问治国之道，垂衣拱手、毫不费力，就能使天下太平，功绩彰著。

爱育黎首，臣伏戎羌。

遐迩一体[1]，率宾归王[2]。

【注释】

1. 遐迩一体：遐即远，迩即近，无论远近，都能形成一个命运的共同体。
2. 率宾归王：化自《诗经》"普天之下，莫非王土；率土之滨，莫非王臣"，说的是天下都为同一个君王所有。

【点评】

  贤明的君王爱抚、体恤百姓，使四海之内各族人等都俯首称臣，让普天之下成为一个整体。这是"家天下"统治思想的显现，也是人类共同体思想的雏形。

鸣凤在竹，白驹食场。

化被¹草木，赖及万方。

【注释】

1. 被：通假字，同"披"，是覆盖之意，可引申为恩泽。

【点评】

凤凰在竹林中鸣叫，白色的小马驹在草场上觅食，好一派天地万物和谐共生的景象！但其背后的支撑缘由，是圣明君主的仁德之治。仁政使草木都蒙其恩泽，而天下各方百姓更莫不受其恩惠。

盖此身发，四大¹五常²。

恭维鞠养³，岂敢毁伤。

【注释】

1.四大：佛教认为组成世间万物的四种元素，乃地、水、风、火。

2.五常：儒家认为人之为人的五种基本品格，先由孟子提出"仁、义、礼、智"，而后董仲舒又增加了"信"，后世并称"五常"。《三字经》说："曰仁义，礼智信，此五常，不容紊"。

3.鞠养：抚养。

【点评】

　　《千字文》从这句开始，就由天文地理、气象物候以及历史君王，转入了对个体、自我的讨论之中。每一个人的身体发肤，都是由地、水、火、风这四大元素所构成，而这一身体的言行举止，都要符合仁、义、礼、智、信这五个基本伦常；每一个人都应该恭敬地念想着父母的养育之恩，不能轻易毁坏损伤自己的身体。这是视"人"为珍宝，视人的生命（身体）为世间最高价值的人文思想之显现，在中国传统文化中体现为道家"贵生"或道教"保生"的哲学。《吕氏春秋·仲春纪》以"圣人深虑天下，莫贵于生"开篇，随后讲述了尧以天下让子州支父，而子州支父借病推诿等故事，蕴含了中华思想史上人权意识的萌芽。

读

释

评

女慕贞洁¹，男效才良。

知过必改，<u>得</u><u>能</u>莫忘²。

【注释】

1.贞洁：本义是纯正高洁，如汉代刘桢《处士国文甫碑》云"先生执乾灵之贞洁，禀神祇之正性"。而后狭义专指礼教所提倡的女子不失身不改嫁的道德观。

2.得能莫忘：得：即得到；能：即能力所及之处。这句话是说，自己有能力做到的事，一定要去做，亦即要广泛承担责任之意，如《弟子规》云，"己有能，勿自私。"也有人理解为"掌握了某项技能，不要轻易遗忘"。

【点评】

　　这句话承接上文对个人意识的论述，明确指出男、女各自不同的道德观念：女子要仰慕持身严谨的贞妇，男子要仿效有才能有道德的贤人名士。随后，开始阐述做人的基本道理：知道自己错了，一定要改；有能力做到的事，一定要做。

罔[1]谈彼短，靡[2]恃己长。

信使可覆[3]，器欲难量。

【注释】

1. 罔：不，没有。
2. 靡：不，没有。
3. 信使可覆：这是一个倒装句，应该为"使信可覆"，语出《论语·学而》："信近于义，言可覆也"，就是说信与义接近，都是要让一个人说话算数。

【点评】

　　这句也是在说做人的基本道理，不要议论他人的短处，也不要总是依仗自己的长处。做老实人，说话要算数；做人要大气，心胸就应该让人觉得难以估量。

墨¹ 悲丝染，诗赞羔羊²。

景行³ 维贤，克念⁴ 作圣。

【注释】

1.墨：墨子，鲁国人（一说宋国人），战国初期思想家，墨家学派创始人。《墨子·所染》中说，墨子见到染丝者而叹曰："染于苍则苍，染于黄则黄，所入者变，其色亦变"，由此而感慨人受环境的影响之大。

2.羔羊：语出《诗·召南·羔羊》，"羔羊之皮，素丝五紽。退食自公，委蛇委蛇。"朱熹《诗集传》中对这句诗的解释是"南国化文王之政，在位皆节俭正直，故诗人美衣服有常，而从容自得如此也"，也就是赞美在位者的品德。

3.景行：语出《诗·小雅·车辖》"高山仰止，景行行止"，郑玄注曰："古人有高德者则慕仰之，有明行者则而行之。"

4.克念："克"是能够之意，"念"是思考之意。语出《尚书·多方》"惟圣罔念作狂，惟狂克念作圣"，说的是圣人而不思考则为凡夫，而凡夫若能思考则为圣人，乃"事在人为"之意。一说"克服私欲"。

【点评】

　　此句以两个典故开篇，说的是做人要以圣贤为榜样，追随先贤，而不轻易为外物所动，为环境所惑，要坚持独立思考。

德建名齐，形端表正。

空谷传声，虚堂习¹听。

【注释】

1. 习：通晓、熟悉。

【点评】

　　德建则名齐，形端而表正，说的是人有道德，就会有名声，行为举止端庄，仪表就堂堂正直。而随后用"在空旷的山谷中，声音可以传得很远；在宽敞的厅堂里，声音则非常清晰"两句来做比喻，则是进一步说明道德品行的重要。越是在无人之处，越能显现其价值。这里暗含了传统文化中"慎独"的修身观。

祸因恶积，福缘善庆¹。

尺璧非宝，寸阴是竞。

【注释】

1. 祸因恶积，福缘善庆：语出《易·坤·文言》"积善之家，必有余庆；积不善之家，必有余殃"，表述的是传统文化中对福祸、善恶的辩证理解。

【点评】

这两句话，前一句承接上文对"慎独"道德观的讨论，转而以朴素的善恶因果观加以诠释；后一句则转换话题，讨论另一个做人的基本道理——珍惜时间：与一寸光阴相比，一尺长的美玉也不能算是宝贝。

童年读库｜中华传统文化经典

资父事¹君，曰严与敬。

孝当竭力，忠则尽命。

【注释】

1. 事：侍奉。

【点评】

这两句对传统"忠孝"观念作出阐释，由《论语》中"事父母能竭其力"与"臣事君以忠"二句化来。奉养父（母）亲，侍奉君主，都要严肃而恭敬，而无论是对父母，还是对君主（上司），都应该恪尽职守，尽心竭力。

临深履薄¹，夙兴温凊²。

似兰斯馨，如松之盛。

【注释】

1.临深履薄：出自《诗经·小雅·小旻》"战战兢兢，如临深渊，如履薄冰"之句，而《论语·泰伯》中记载，曾子病重，召集门人留言也是这句话。它说的是为人处世应高度自律、自警，丝毫不能有所懈怠、有所马虎。

2.夙兴温凊："夙兴"就是"夙兴夜寐"的省略说法，即早起晚睡，《诗经·大雅·荡之什·抑》中有"夙兴夜寐，洒扫庭内，维民之章"之句；而"温凊"则是"冬温夏凊"的省略说法，即冬暖夏凉，《礼记·曲礼上》有"凡为人子之礼，冬温而夏凊，昏定而晨省"之句，《弟子规》也有"冬则温，夏则凊""晨则省，昏则定"等说法。

【点评】

这两句话，前一句八个字恰是对上文"资父事君"作出的原则性解释：对待君主的公事，要有"如临深渊，如履薄冰"的谨慎之感；而对待父母则要做到起得比他们早，睡得比他们晚，让他们感到冬暖夏凉。后者主要是针对与父母同住的成年子女而言，因为早、晚两个时段是老年人最易犯病之时，需多加小心。通过"资父事君"，要使个人德行如兰草般清香，似松柏般茂盛。

川流不息，渊澄相映¹。

容止若思，言辞安定。

【注释】

1. 渊澄相映："渊"是象形字，"丿"和"丨"表示左右两侧的水岸，而中间"米"字是水流的样子，合起来即是深潭之意。深潭之水澄澈，可以映照出人的样子。

【点评】

这两句话，前一句承接上文"资父事君"而来，说的是"忠孝传家久"，良好的品行可以如川流一般延及子孙，永不绝息，显现高洁家风之貌；还可以如深潭清澄照人，影响一地之风俗，显现淳朴乡风之美。而后一句则复又说到个人，仪容举止要沉静安详，若有所思；言语措辞要稳重大方，从容有度。

笃[1]初诚美，慎终宜令[2]。

荣业所基，籍[3]甚无竟。

【注释】

1. 笃：原意为马跑得慢，引申为忠实、诚信。
2. 令：美好、善之意，如《论语·学而》："巧言令色，鲜矣仁。"
3. 籍：凭借。

【点评】

　　不管做什么事，开头讲求诚信固然不错，但对待结局要加倍谨慎，以求善始善终。此即《道德经》第六十四章所曰："慎终如始，则无败事。"这是一个人一生荣业的基础，有此基础，则其发展就没有止境。值得注意的是，此处所言的"基础"，并非仅是要做事善始善终，而是前文由"盖此身发"开始一直到"慎终宜令"这些话所描述的整个为人处世之道德要求。

学优登仕¹，摄职从政²。

存以甘棠³，去而益咏。

【注释】

1. 学优登仕：《论语·子张》有"学而优则仕"之语，说的是学习优秀，则可以将知识应用于日常做事之中，譬如从政为官。

2. 摄职从政："摄"是"代理"之意；"从政"是参与政事的讨论。这句话是说凡事都要从助理做起，从辅佐他人做起，从小事做起。

3. 甘棠：木名。即棠梨。《史记·燕召公世家》载，周武王灭商之后，"封召公于北燕……召公巡行乡邑，有棠树，决狱政事其下，自侯伯至庶人各得其所，无失职者。"召公去世之后，当地百姓思念他的德政，禁止砍伐棠树，还作诗歌来咏唱赞美它。后世就以"甘棠"来称颂官员的美政。

【点评】

　　这句话为士人读书描绘了一个可见的前景，书读好了就能参与社会实践，譬如做官，由助理开始，逐渐行使职权，参加国政。而其榜样就是周人所怀念的召伯，他在世时曾在甘棠树下处理政务，过世之后老百姓对那棵树也加以缅怀称赞。

乐¹殊贵贱，礼²别尊卑。

上和下睦，夫唱妇随。

【注释】

1. 乐：音乐，泛指一切艺术。
2. 礼：礼仪，泛指一切制度。

【点评】

这两句话开始说到了中华传统"礼乐文明"的核心。西周周公作为文王之子、武王之弟，"制礼作乐"，而为中华民族规摹了"万世治安"（王国维语）。这是一场由宗教到政治，进而到文化的社会大变革，它奠定了中国传统社会的基本形态。而这一变革的主要精神，就是形成一种相对稳定的社会秩序，以求尊卑有序、远近和合，并进一步成为相对稳定的道德伦理观念。从表面上看，这两句话说的是欣赏和使用音乐，要根据身份贵贱而有所不同，礼节也是如此，这样才能达到上下和睦相处，夫妇一唱一和，人事协调和谐。而就其深层来说，这是从"区别"到"同一"的一个变化过程，也是人类文明共生思想得以践行的基础。

外受傅¹训，入奉母仪。

诸姑伯叔，犹子比儿。

【注释】

1.傅：师傅、老师。

【点评】

在外要接受老师的训诲，在家遵从父母、长辈的教导。这两句话是说要把学校教育与家庭教育结合起来，也就是《三字经》中"养不教，父之过，教不严，师之惰"之意。其中，"母仪"之说乃中华传统。传统社会"男主外，女主内"，相夫教子多是母亲的责任，母亲对孩子的影响最为明显，故有"孟母三迁"，有"岳母刺字"。所谓"母仪天下"，也是说皇太后、皇后要做天下母亲的榜样，要注重举止仪表。而"家教"之中，相当重要的一条就是对待姑姑、伯伯、叔叔，要像对待自己父母一样，对待侄儿、侄女也应如自己孩子一般。此即《礼记·檀弓》云"兄弟之子，犹子也"之意，而由此意出发，以此意为基础，才能抵达"民胞物与"（把天下人都看作自己同胞，把万物都看作自己同类）的大爱境地。

<u>孔怀</u>[1]兄弟，同气连枝。

交友投分，切磨[2]箴规[3]。

【注释】

1. 孔怀："孔"是程度副词，表示"最"；"怀"，即"关怀"。这两个字出自《诗·小雅·常棣》"死丧之威，兄弟孔怀"，原意是说面对死亡的威胁，只有兄弟最为关切。后世多用"孔怀"来代指"兄弟"。

2. 切磨：本义是指加工玉石，可以引申为学问上的探讨研究。《诗经·卫风·淇奥》云"有匪君子，如切如磋，如琢如磨"。

3. 箴规：劝诫、劝勉。

【点评】

这两句话从上文的君臣、夫妇、父母，乃至姑伯长辈，转而说到了兄弟、朋友，这正是传统"五伦之教"。"五伦"以《孟子·滕文公上》中的"父子有亲，君臣有义，夫妇有别，长幼有序，朋友有信"为原则；"五教"以《史记·五帝本纪》中"父义，母慈，兄友，弟恭，子孝，内平外成"为信条。兄弟之间，因为同受父母血气，如同树枝相连，就是要相互关心，相互帮助；而结交朋友要意气相投，在学习上能够切磋琢磨，在品行上能够互相砥砺、告勉，为彼此诤友。

读
释
评

仁慈隐恻，造次¹ 弗离。

节义廉退，颠沛² 匪亏。

【注释】

1. 造次：本义是仓促、匆忙，引申为草率、唐突。
2. 颠沛：本义是跌倒，引申为处境窘迫困顿。

【点评】

　　"仁"是"仁、义、礼、智、信"之首，而"慈"则是"仁"的表现形式。《孟子·告子上》说"恻隐之心，人皆有之"，并举例说"今人乍见孺子将入于井，皆有怵惕恻隐之心"。任何人看到小孩快要掉进井里时，都会心生不忍，伸手援救。你的这一举动并不是因为你与小孩父母有交情，或是为了获得好名声，而是"人皆有之"的"不忍人之心"使然也。这种"仁慈"与"恻隐"的道德基础，哪怕是在匆忙、仓促之间也是不可能丢失的。同样，气节、正义、廉洁、谦让等品德，即使在颠沛流离之际也不会有所亏缺，关键是看你能否正视自我。

性静情逸[1]，心动神疲。

守真志满，逐物意移。

坚持雅操，好<u>爵</u>自<u>縻</u>[2]。

【注释】

1. 逸：安逸。
2. 好爵自縻：语出《易经·中孚卦》"我有好爵，吾与尔縻之"。"爵"是爵位、官位之意，可引申为"好运气""好机会"；"縻"本义是拴牛的绳子，引申为牵系、拴住。这句话的意思是好运气自然会被拴在你身边。

【点评】

这句话可以看作对前文个人修养、道德品行之论述的一个总结。在动、静之间，要取静不取动，因为清静则情绪安逸舒适，心神为外物所动，精神就会感到疲惫困倦不堪；而在守、移之间，宜取守不取移，因为保持自我的纯正，守住人之真常本性，心志就会饱满、自得，而总是追逐外物，人的意志就会被转移。只要坚持高洁雅致的操守品行，好运气自然会来临，无须孜孜外求。

都邑¹华夏，东西二京。

背邙²面洛，浮渭据泾。

【注释】

1. 邑：国都，京城。
2. 邙：山名，北邙山，在今河南省洛阳市北，黄河南岸，是秦岭余脉，为古代殡葬胜地。民间有"生在苏杭，死葬北邙"之说，唐人白居易《浩歌行》亦有"贤愚贵贱同归尽，北邙冢墓高嵯峨。古来如此非独我，未死有酒且酣歌"之句。

【点评】

从这一段开始，《千字文》另起炉灶，由前文对个人品行修养的论述，转入对政治制度、人文成就的讨论。这两句说的是中国古代有东京洛阳、西京长安两个壮观华美的都城。其中，洛阳北靠邙山，面临洛水，而长安则北横渭水，远据泾河。这两处都城分别是今天的河南省洛阳市和陕西省西安市，都是中华文明的发祥地，人文荟萃。

宫殿盘郁[1]，楼观飞惊。

图写禽兽，画彩仙灵。

【注释】

1. 盘郁："盘"是曲折之意，"郁"是幽深之意。

【点评】

两座都城都是宫殿层层叠叠，回环曲折，楼台凌空欲飞，让人心惊。四壁之上，画着飞禽走兽与天仙神灵。

丙舍[1]傍启，甲帐[2]对楹。

肆筵设席，鼓瑟吹笙[3]。

升阶纳陛[4]，弁[5]转疑星。

【注释】

1.丙舍：正房旁边的耳房，也就是偏殿、配殿，后来引申为客居他处。

2.甲帐：供奉神祇的豪华宫殿。据《北堂书钞》卷一三二云，"上以琉璃珠玉，明月夜光杂错天下珍宝为甲帐，次为乙帐。甲以居神，乙以自居。"

3.鼓瑟吹笙：瑟、笙都是乐器，出自《诗·小雅·鹿鸣》"我有嘉宾，鼓瑟吹笙"。

4.陛：台阶。

5.弁：官帽，后来泛指帽子。

【点评】

此四句极言两都之奢华。正殿两边的配殿从侧面开启，豪华的帐幕对着高高的楹柱。宫殿里摆着酒席，弹琴吹笙一片欢腾。官员们上下台阶，互相祝酒，他们头上戴的珠帽，彼此转动，就像是满天的星斗一般闪闪发光。

右通广内[1]，左达承明[2]。

既集坟典[3]，亦聚群英。

杜稿钟隶[4]，漆书壁经[5]。

【注释】

1.广内：广内殿，乃汉宫廷藏书之所，即皇宫的图书馆。刘歆《七略》云："外则有太常、太史、博士之藏，内则有延阁、广内、秘室之府。"

2.承明：承明殿，汉代朝臣休息之处，也是藏书之所；因其承接明堂之后，故称"承明殿"。班固《西都赋》说未央宫，"又有承明金马，著作之庭，大雅宏达，于兹为群，元元本本，周见洽闻，启发篇章，校理秘文"。

3.坟典："三坟五典"，乃传说中"三皇"（伏羲、神农、黄帝）与"五帝"（少昊、颛顼、帝喾、尧、舜）的著作。《左传·昭公十二年》载，"楚独有左史倚相，能读《三坟》《五典》《八索》《九丘》。"

4.杜稿钟隶：汉代书法家杜度的草书手稿和三国时期钟繇的隶书真迹。

5.漆书壁经：汲县魏安厘王墓中发掘出来的十三篇漆书，以及汉代鲁恭王在曲阜孔庙墙壁里发现的古文经书。

【点评】

　　这六句话直言中华文明之成就，以皇宫藏书之所为缩影。都城之中，右面是通向藏书的广内殿，左面到达朝臣休息的承明殿——这里也收藏了诸多典籍名著，更会聚了成群的文武英才。此外，还收藏有杜度草书的手稿和钟繇隶书的真迹，以及种种出土的珍贵文献典章。

府罗将相，路夹槐卿。

户封八县，家给千兵。

高冠陪辇¹，驱毂²振缨。

世禄侈富，车驾肥轻。

策功³ 茂实⁴，勒碑刻铭⁵。

【注释】

1. 辇：用人拉或推的车。

2. 毂：泛指车。

3. 策功："策"是文治，"功"是武功。

4. 茂实："茂"为丰盛之意，"实"为真实之意。

5. 勒碑刻铭："勒碑"是刻在碑石之上，"刻铭"是镌于金属器皿之上。

【点评】

这八句话直言中华文明之富贵，以贵族公卿为缩影。宫廷里边，王侯将相依次排列；宫廷外边，大夫公卿夹道站立。这些人每家都有八县以上的封地，上千名侍卫。官员们头戴高冠，陪侍皇帝驾车出游，车马辚辚，帽带飘飘，威风八面。而他们的子孙，则世代领受俸禄，奢侈豪富，出门有轻车肥马。而他们也确实能够建功立业，其文治武功得到朝廷册封，刻在碑石金鼎之上，以流传后世。

磻溪¹伊尹²，佐时阿衡³。

奄⁴宅⁵曲阜，微⁶旦⁷孰营。

【注释】

1.磻溪：代指姜太公吕尚。传说吕尚在磻溪以直钩钓鱼，遇文王，被拜为太师，后辅佐周武王灭商。在今陕西省宝鸡市，《水经注》载："渭水之右，磻溪水注之。水出南山兹谷，乘高激流，注于溪中……即《吕氏春秋》所谓太公钓兹泉也。"后世多地慕名而将河流名改为"磻溪"。

2.伊尹：商代名相，政治家、思想家，伊姓，名挚（"尹"不是名字，而为"右相"之意），原为有莘氏女的陪嫁奴隶，经商汤起用，任以国政，最终辅佐商汤，攻灭夏桀。

3.阿衡：一说为商朝官名，相当于宰相；一说为伊尹之小名，如《诗·商颂·长发》云"实维阿衡，左右商王"。后世引申为国家辅弼之任。

4.奄：古国名，西周时分封在今山东曲阜的一个小诸侯国。

5.宅：住在、安家于。

6.微：通假字，同"无"。

7.旦：周公姬旦，周文王姬昌第四子，周武王姬发的弟弟，曾两次辅佐周武王东伐纣王，并制作礼乐，被后世尊为儒家"元圣"。周公旦受封于鲁国，因为要辅助幼小的周成王，而只能让自己的儿子伯禽替代自己，前往鲁地。

【点评】

　　此四句援引古代名臣名相之故事，说明人文荟萃之意义。商汤王得遇孤儿伊尹，而推翻夏朝；周文王在磻溪遇到姜子牙（吕尚），终推翻商朝。伊尹和姜子牙都是在适当时候，辅佐君王以成就伟业的"阿衡"。而能受封于曲阜一带的鲁国，除了周公旦，谁又有这样的资格呢？

桓公匡合¹，济弱扶倾。

绮回汉惠²，说感武丁³。

【注释】

1. 桓公匡合：齐桓公，姓姜，名小白，为"春秋五霸"之首。《韩非子·十过》载"桓公九合诸侯，一匡天下"，即为齐桓公九次召开诸侯大会，制定联盟。

2. 绮回汉惠：绮里季，与东园公、夏黄公、甪里先生并称"商山四皓"，为秦末避乱于商山的四位德高望重的老者。吕后之子刘盈为太子时，高祖曾想另立太子，吕后听从张良之计，厚礼迎来商山四皓，与刘盈从游。高祖闻之，误以为刘盈羽翼已成。刘盈保住了太子之位，后为汉惠帝。

3. 说感武丁："说"，即傅说，商朝继伊尹之后又一位奴隶出身的贤臣，原为傅岩山一带的建筑工人，因发明"版筑"（打夯筑墙）而闻名。《史记·殷本纪》载，殷高宗"武丁夜梦得圣人"，便命人绘画其相，四处访求，即为傅说，后任为宰相。今山西省平陆县仍存有傅说版筑遗址、傅说庙、傅说墓等古迹，供人凭吊。

【点评】

这四句话以典型人物，带过中华文明代有才人出的面貌。齐桓公乃姜太公吕尚之后，于齐地保存了传统道家文化，而周公受封鲁地，又保存了儒家文化，二者并存而成中华传统。而齐桓公匡正天下诸侯，乃是为了扶济弱小，拯救危亡；汉惠帝若无绮里季等商山四皓，无由幸免废黜；商君武丁感梦而得贤相，是在说明我中华文明绵延不绝，人才辈出，促使薪火相传，绵延至今。

俊乂¹密勿²，多士寔宁³。

【注释】

1. 俊乂：人才、贤才。

2. 密勿：勤勉。《诗经·小雅·十月之交》有"黾勉从事，不敢告劳"之句，清人王先谦在《诗三家义集疏》中说，"鲁'黾勉'作'密勿'"。而《汉书·刘向传》中也有"君子独处守正，不挠众枉……故其诗曰：'密勿从事，不敢告劳'"之句，而唐代颜师古注曰："密勿，犹黾勉从事也。"

3. 多士寔宁：语出《诗经·大雅·文王》"济济多士，文王以宁"，意为正是依靠众多能人志士，文王的周朝天下才得以太平安宁。

【点评】

这两句话是对上文所引贤才典故的总结，说的是正是这些才俊先贤的勤勉和众多士子的智慧，才使得整个中华家国兴盛，人民安宁。而其寓意则是勉励读书人要积极参与社会实践，为国家繁荣与民族兴盛贡献力量。

晋楚更¹霸，赵魏困横²。

晋楚更¹霸，赵魏困横²。

假途灭虢³，践土会盟⁴。

读
释
评

【注释】

1. 更：更替。

2. 横：连横，乃战国时谋士张仪主张的一种谋略。战国时，苏秦试图说服六国联合拒秦，史称"合纵"；而张仪入秦，游说秦惠王拆散合纵，使六国一个个服从于秦国，称为"连横"。秦国采取远交近攻政策，首先打击的就是赵、魏。

3. 假途灭虢：为"三十六计"之一，故事见于《左传·僖公五年》："晋侯（晋献公）复假道于虞，以伐虢。宫之奇谏曰：'虢，虞之表也；虢亡，虞必从之。晋不可启，寇不可玩'。"可是，虞侯不听宫之奇的劝谏，终于让晋国在灭掉虢国之后，顺道也灭掉了虞国。

4. 践土会盟：晋献公晚年，晋国内乱，公子重耳流亡十九年始返国即位，是为晋文公。晋文公打败来自南方的楚军之后，周襄王亲自到践土（今河南省原阳县一带）慰问，晋文公也趁此机会召集诸侯会盟，使自己成为"春秋五霸"中的第二位国君。今河南省荥阳市故城东北角有数丈高夯土台，即被认为是当年晋文公为周王修筑的王宫——践土台。

【点评】

　　这四句话简要说明了春秋五霸、战国七雄的文功武略。而春秋有谋臣，战国有策士，正显示了中华文明代代相继，人文荟萃，绵延不绝。

何¹遵约法，韩²弊烦刑。

【注释】

1.何：萧何，汉高祖时的丞相。《史记·萧相国世家》说他"奉法顺流"；《汉书·刑法志》说他整理秦朝律法，"取其宜于时者，作律九章"，即是说萧何遵循汉高祖"约法三章"的立法宗旨，轻刑简法，以使天下休养生息。

2.韩：韩非子，战国时法家的代表人物。《史记·老子韩非列传》记载，韩非子本为韩国贵族，口吃但精于文辞，爱好刑名之术。他在韩国不被重视，但著作传入秦国，得到了秦始皇的重视。秦始皇发兵攻打韩国，就为迎接韩非子，并以其理论制定秦朝的严苛律法。韩非子后来遭李斯等人妒忌，而劝始皇"以过法诛之"。韩非子被迫在狱中服毒自杀，可谓是死在自己制定的烦苛刑法之下。

【点评】

这两句话引出中国历史上又两位名士，萧何与韩非。他们虽各自命运不同，但都得以彪炳史册。前者心系天下苍生，以"厚生之德"赋予百姓休养；后者则操弄刑法，最终作法自毙。其实，中国历史贯来对严刑峻法颇多批判。除了韩非子，还有为秦国制定严苛刑法的商鞅，也最终死在自己制定的法律之下。类似萧何与韩非故事的流传与对比，表现出中华文明史上强烈的民本价值观。

起翦颇牧[1]，用军最精。

宣威沙漠，驰誉丹青。

【注释】

1.起翦颇牧："起"，即白起；"翦"，即王翦；"颇"，即廉颇；"牧"，即李牧。此四人都是军中基层出身，凭借战功而一步步成长为秦、赵两国大将，代表了当时军事实战的最高水准。而自《千字文》始，其并称"战国四大名将"。

【点评】

此句列举四位名将，说明中国历史上的军事强盛。秦将白起、王翦，赵将廉颇、李牧，都是当时著名的军事家，将中华民族之威名宣扬之北方沙漠，而自己的名字也永远镌刻于中华千古史册之中，供后人瞻仰。

读
释
评

九州禹迹¹，百郡秦并²。

岳宗泰岱³，禅主云亭⁴。

【注释】

1. 九州禹迹：大禹治水之后，将天下分为冀州、兖州、青州、荆州、扬州、梁州、雍州、徐州、豫州，共九个州，并铸造九鼎，以定九州；而大禹治水十三年，三过家门而不入，足迹遍及这天下九州。

2. 百郡秦并：秦始皇统一中国后，将天下分为三十六郡，而刘邦建汉之后，又细分为一百零三郡。取其整数，则说是"百郡秦并"。

3. 岱：泰山，今在山东省泰安县，也被称为岱宗、岱岳，是历代帝王封禅大典中祭天仪式（封）的举行地。

4. 云亭：云山、亭山，分别在泰山的东南面和南面，是泰山脚下的两座小山，供历代帝王封禅大典中祭地仪式（禅）的举行地。

【点评】

这四句话概要式地点出了中华文明与地理之间的关联。正是因为华夏山水处处有人文意味，才显现泱泱大国悠悠文化的深邃。九州之内都留有大禹治水的足迹，天下各郡在秦的统一下，归而为一。天下山岳，以泰山为尊，历代帝王都要在泰山举行祭天封礼，在云山和亭山主持祭地的禅礼。人文与山川之关联意味，在这些历史之中，方才透露兴亡更替的变迁规律。

雁门紫塞[1]，鸡田赤城[2]。

昆池碣石[3]，巨野洞庭[4]。

【注释】

1. 雁门紫塞：雁门关，在今山西省代县，属北岳恒山山脉，《山海经》云"雁门，飞雁出于其门"，是秦朝大将蒙恬及汉代名将卫青、霍去病、李广等北击匈奴，保家卫国的所在；紫塞则是嘉峪关一带的长城，其大漠戈壁多红土，大队车马过后则紫色沙尘滚滚，衬托长城若隐若现，如梦似真。

2. 鸡田赤城：鸡田是中国西北偏僻的驿站，唐人刘宪《奉和送朔方大总管张仁亶》云"凉风过雁苑，杀气下鸡田"；赤城是浙江省天台县北的山名，系天台山南门，山因赤色，形如城堡而得名，东晋文人孙绰有《游天台山赋》曰"赤城霞举而建标"，而"赤城栖霞"也为天台八景之一。

3. 昆池碣石：前者指昆明滇池，是我国第六大淡水湖，因其水形似倒流，故名为"颠"（滇），是观赏池水的绝佳去处；后者指今河北昌黎县城北的碣石山，此地传说为秦始皇入海求仙处，自古就是观海胜地，曹操《观沧海》即曰"东临碣石，以观沧海，水何澹澹，山岛竦峙"，而李世民、毛泽东等也有诗篇传世。

4. 巨野洞庭：都是湖泽之名，前者在今山东省巨野县北，早已干涸，而后者至今仍为我国第二大淡水湖，古称"云梦泽"，号"八百里洞庭"。宋人范仲淹《岳阳楼记》曰"衔远山，吞长江，浩浩汤汤，横无际涯，朝晖夕阴，气象万千"。

【点评】

这四句话介绍了中国辽阔疆域的壮美河山，名关、名塞、名驿、名山、名池、名石、名泽、名湖，各有代表。北疆雁门，要塞长城，驿站鸡田，天台赤城；昆明滇池，河北碣石，山东巨野，湖南洞庭，多处看水，各有不同。

旷远绵邈，岩岫杳冥[1]。

【注释】

1.岩岫杳冥：岩岫，即山洞，"杳"言其多，"冥"述其昏。

【点评】

　　这两句话是对上述祖国秀丽山川的总结，说其山川大泽、城塞亭台连绵不绝，景致千奇，难以穷尽，令人神往。

治本于农，务兹稼穑¹。

<u>俶载南亩</u>²，我艺黍稷³。

税熟贡新，劝赏<u>黜陟</u>⁴。

【注释】

1. 稼穑：春耕与秋收，泛指整个农业。

2. 俶载南亩："俶"为开始；"载"为从事；"南亩"是向阳的土地，《诗经·豳风·七月》云"七月流火，九月授衣，同我妇子，馌彼南亩"。这句话是说马上要在向阳的土地上开始耕作了。

3. 黍稷：黄米与小米，都是自古即有的食用作物，泛指五谷；而《三字经》曰"稻粱菽，麦黍稷"，其中"稻"为引进产物，我国北方早期并无此种粮食。

4. 黜陟："黜"是贬职之意，"陟"是晋升之意。

【点评】

　　《千字文》自此由"宏大叙事"，转入对日常生活与为人处世的微观论述。首句即把农业视为治国之本，其要在于春耕与秋收。从事农业生产，种植五谷粮食，收获之际，首要是以新谷缴纳国家税粮；国家要对善农者予以表彰赏赐，误农者予以处罚惩戒，使天下都以"农业"为本。

读
释
评

童年读库 ┃ 中华传统文化经典

孟轲敦素¹，史鱼秉直²。
庶几³中庸⁴，劳谦谨敕。

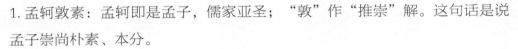

【注释】

1. 孟轲敦素：孟轲即是孟子，儒家亚圣；"敦"作"推崇"解。这句话是说孟子崇尚朴素、本分。

2. 史鱼秉直：史鱼是卫国大夫，与孔子同时代，以直言敢谏著称。虽然时任国君的卫灵公并不贤明，史鱼仍然不断给国家提意见。《论语·卫灵公》载，"子曰：直哉史鱼！邦有道，如矢；邦无道，如矢"。

3. 庶几：差不多。

4. 中庸："中"是不偏不倚，"庸"是普普通通、平平常常。《中庸》是孔子之孙子思的著作，其中云"仲尼曰：君子中庸，小人反中庸"。该著作本为《礼记》中的一章，宋人朱熹将其抽出，而与《论语》《孟子》《大学》相并列，称为"四书"。《三字经》曰，"作中庸，子思笔，中不偏，庸不易"。

【点评】

这两句话说的是为人之标准。以孟子崇尚朴素本分、史鱼秉性刚直忠毅为例，说明保持本性淳朴与内心方直，已经基本符合"中庸"之道了。此外，若再能够坚持勤劳、谦虚、谨慎、自省，那就是儒家为人处世的标准与楷模了。

聆音察理¹，鉴貌辨色²。

【注释】

1. 聆音察理："聆"是仔细、认真地听。与人交往，要细心听他人说话，审察其话中蕴含的内在意义。

2. 鉴貌辨色："鉴"是镜子，有鉴别之意；"貌"是外貌。这四个字是说要善于观察别人的容貌外表、言谈举止、动作表情，从中辨析其内心真实想法。

【点评】

所谓"说话听声，锣鼓听音"，中国自古就有引《诗经》而为外交辞令的传统，倘若听话人不懂其背后含义，则很容易就造成误会。因此，听人说话要仔细审察其背后的意义。而观人容貌，则要看出其心志。据说曾国藩尤擅此术，故能多得人。《曾胡治兵语录》卷二"用人"篇载，曾国藩"深谙相学"，其挑选湘勇的"三字诀"是"黄、长、昂"，即面色偏黄者踏实、忠厚；手脚偏长者体力、耐力均佳；精神面貌高昂向上、积极旺盛者有斗志，压不垮，打不败。

贻厥嘉猷¹，勉其祗植²。

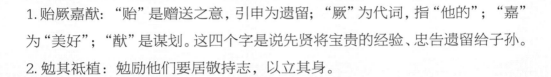

【注释】

1.贻厥嘉猷："贻"是赠送之意，引申为遗留；"厥"为代词，指"他的"；"嘉"为"美好"；"猷"是谋划。这四个字是说先贤将宝贵的经验、忠告遗留给子孙。
2.勉其祗植：勉励他们要居敬持志，以立其身。

【点评】

"嘉猷"就是箴言。中国乡风历来有"家书""家训"的传统，不但有《朱子家训》《颜氏家训》《朱伯庐先生治家格言》，还有《诸葛亮诫子书》《周公诫子书》《曾国藩家书》等由一家一族之传统，进而生发成为整个中华民族文化精髓的众多典籍。这些文献的意义无不是要"勉其祗植"，让后人能够谨慎小心地处世立身，恭恭敬敬地待人接物，从而彰显文明，造就风俗，化成天下。

省躬¹讥诫，宠增抗极²。

殆辱近耻³，林皋幸即⁴。

【注释】

1. 省躬："省"是反省，"躬"是自我，意为"自我反省"，反躬自省。《论语·尧曰》云"朕躬有罪，无以万方，万方有罪，罪在朕躬"，说的是尧帝认为百姓若有罪，都是其自身的责任。这种以一人之身，承担起天下人罪过的精神，显现中华传统文化中大慈、大爱的一面，与佛教、基督教教义均有相通之处。

2. 宠增抗极："抗"为通假字，即"亢"。此句是荣宠到了极点之意。

3. 殆辱近耻："殆"是时间副词，表示"将要"；"辱"是外在的欺凌，而"耻"则是主体内心的羞愧。这句话是说外来的羞辱渐渐演变成内心的耻辱。

4. 林皋幸即："林"是山林；"皋"是水边的高地；"幸"是幸运；"即"是到来。《庄子·知北游》有"山林欤，皋壤欤，使我欣欣然而乐欤"之句。这四个字说的是及时归隐山林，免去灾殃，以享受回归自然之乐。

【点评】

这四句话是对世人处世的警诫。若有人讥讽嘲笑、规劝批评自己，都应该"有则改之，无则加勉"，好好反躬自省。受到恩宠，不得意忘形，以免物极必反；而若感知外来的羞辱渐成威胁，那就要赶快归隐山林，以求幸免于祸。

这几句话是说理，而下文则以举例的方法来说明这些为人处世的基本道理。

两疏见机¹，解组²谁逼。

【注释】

1.两疏见机："两疏"指的是汉宣帝时期的疏广、疏受；"机"是先兆，即事物发展的苗头。疏广、疏受系叔侄二人，曾为太子太傅和太子少傅，都是皇帝的老师，位高权重。而这两人善于"见机行事"，能够"见好就收"，只当了五年的帝师就告老还乡，保全声名，荣归故里，为时人所称赞。

2.解组：解下组绶（官印上的绦带），意为摘下乌纱，辞去官职。

【点评】

这两句话就是以汉代疏广、疏受叔侄见机归隐的例证来说明，前文"省躬讥诫，宠增抗极。殆辱近耻，林皋幸即"的道理。这两位帝师辞去官职，是有人逼迫他们吗？显然没有。这只是他们出于自己对事物发展规律的体察、把握，以及对人生境界的高远追求而作出的决定。下文六句，正是对其生命境界的说明。

索居闲处，沉默寂寥。

求古寻论，散虑逍遥。

欣奏累遣¹，戚谢欢招²。

【注释】

1.欣奏累遣："欣"是令人高兴的事，"累"是令人费心的事；"奏"是集中之意，"遣"是抛弃之意。这四个字说多做轻松的事，不做费力的事。

2.戚谢欢招："戚"是伤心烦恼，"欢"是快乐欢愉；"谢"是消除、去掉，"招"是使之来到。

【点评】

这六句话描绘了"林皋幸即"之后的生活状态，显现了一种豁达清远的人生意境。独自一人，离群索居，悠闲度日，免去唇舌，在寂寥之中学古人，读古书，求古事，寻找精妙之论，排遣杂念忧虑，以求自在逍遥。只做令人开心的事，而不必劳心费力；招来无限的快乐，去除不尽的烦恼。这是纯粹的精神世界，也是儒家"君子慎独"之意。而这一精神境界，体现为怎样的美学追求呢？

渠荷的历¹，园莽抽条²。

枇杷晚翠，梧桐蚤³凋。

陈根委翳⁴，落叶飘摇。

游鹍⁵独运，凌摩绛霄⁶。

【注释】

1. 的历：花开得光彩灿烂的样子。

2. 园莽抽条："园"即园林；"莽"是草木茂盛的样子；"抽条"就是发芽。

3. 蚤：通假字，同"早"。

4. 委翳："委"是通假字，同"萎"；"翳"原指用羽毛做的华盖，后引申为遮蔽、掩盖之意。《醉翁亭记》有"树林荫翳，鸣声上下"之句。

5. 鹍：传说一种像天鹅的大鸟，或通"鲲鹏"。《庄子·逍遥游》云："北冥有鱼，其名为鲲，鲲之大，不知其几千里也。化而为鸟，其名为鹏。鹏之背，不知其几千里也。"而唐人孟郊《立德新居》诗亦云"仰笑鲲鹏辈，委身拂天波"。

6. 绛霄："绛"即紫红色，"霄"是云气。传说天有九层，名为"九霄"，分别是神霄、青霄、碧霄、丹霄、景霄、玉霄、振霄、紫霄、太霄，而"紫霄"乃其较高的一层，意为接近天的最高层。

【点评】

　　这八句话，前四句是一幅春秋两季的美景图。春天池塘里的莲花，清水出芙蓉，天然去雕饰，绿园之中处处郁青，嫩枝抽芽；到了秋天，枇杷树叶依旧苍翠，可梧桐树却早已凋零。而后四句，则是秋冬季节一幅借景抒情的图画，老树根蜿蜒曲折，互相遮蔽，而落叶在秋风中四下飘荡，空无一人；只有远游的鲲鹏独自翱翔于天空，冲向那天际的最高层。这种空灵的意境，其实暗含了君子和而不同、"出淤泥而不染"的高洁品行与人格魅力，是前文"索居闲处，沉默寂寥"的象征式图景。这八句话把君子"退而独善其身"的美学精神做了外化描述。

耽¹读玩市，寓²目囊箱³。

【注释】

1. 耽：沉溺。
2. 寓：寄托。
3. 囊箱：这里指装书的口袋、箱子。

【点评】

　　此处说的是东汉哲学家王充，他是会稽上虞（今浙江省上虞市）人。他早年游学东都洛阳，家贫而买不起书，只能在市场（玩市）上站着读书，却能够沉溺于其间，甚至过目成诵，博通百家。在喧闹的市场里，王充眼睛只盯着书肆里装书的口袋和箱子，超然忘我，是一种很高的精神境界。

读
释
评

易 辂¹ 攸畏²，属耳³ 垣墙⁴。

【注释】

1. 易辂："易"是轻巧之意，而"辂"是一种轻便的车子。

2. 攸畏："攸"为语气助词，放在动词之前，相当于"所"；"攸畏"即有所畏惧。

3. 属耳："属"的本义是关联，"属耳"即是"与耳朵有关联"之意。

4. 垣墙：矮墙，也泛指墙。

【点评】

这句又从对人的精神境界之描述，转而讨论日常生活的平实道理。你若驾驶一辆轻便的车，就要格外注意安全，因为"阴沟里面易翻船"，所以要格外注意细节。譬如说话时就要小心，需防止"隔墙有耳"。

具膳餐饭¹，适口充肠。

饱饫²烹宰，饥厌³糟糠。

【注释】

1.具膳餐饭："具"是准备之意，"膳"与"饭"分别指荤、素食物。

2.饫：本义为"吃饱"，引申为因吃饱而对食物产生的厌倦。《玉篇》云："饫，食过多"，《广雅》云："饫，饱也，厌也"。

3.厌：满足。如《论语·述而》，"子曰：'默而识之，学而不厌，诲人不倦，何有于我哉'"。

【点评】

　　这句开始讨论日常生活之美、之意。日常生活的饭菜，要符合两个标准，一是"适口"，即咸淡适中，以服四方水土；二是"充肠"，就是能吃饱。中国幅员辽阔，不同地区有不同的口味，南甜北咸东辣西酸，都与当地水土有密切关系，需要注意协调。另外，人在不同时候也会有不同"口味"，如吃得太饱，烹饪宰杀的大鱼大肉也引不起兴趣；而饿的时候，粗茶淡饭也让人感到无比满足。

亲戚¹故旧，老少异粮。

妾御绩纺²，侍巾帷房³。

【注释】

1.亲戚：内亲外戚，父亲一支的同姓亲属称为"亲"，而母亲、妻子的不同姓亲属，则称之为"戚"。

2.绩纺：纺纱，泛指针线一类的女红。

3.侍巾帷房："侍"是服侍、侍候；"巾"泛指衣帽、服饰；"帷房"则指卧室。

【点评】

　　这四句话讲的是待客之道与家庭事务。亲属、朋友来了，一定要盛情款待，但给老人和小孩吃的食物，应该有所不同。如老人牙口欠佳，消化功能弱，口味偏软、偏暖，而孩子则正值发育，口味偏凉。家中小妾婢女，应负责所有针线女红，还要服侍好主人的起居穿戴，为其备好衣裳。值得说明的是，此处不过是以"老少""妾"来举证，以点带面。前者意指待人接物要因人而异，勤于观察，设身处地，善于变通；后者则是说家务要有分工，家人各司其职。

纨¹扇圆絜²，银烛炜煌。

昼眠夕寐，蓝笋³象床。

弦歌⁴酒宴，接杯举觞⁵。

矫手顿足，悦豫⁶且康。

【注释】

1. 纨：细绢。
2. 絜：同"洁"，是"洁"字的书面语。
3. 蓝笋：青色的竹席。"蓝"与青同色，《荀子·劝学》有"青出于蓝而胜于蓝"之句；而"笋"则指代竹篾编成的凉席，《尚书·顾命》有"敷重笋席"之说。
4. 弦歌："鼓弦而歌"的简称。《论语·阳货》载"子之武城，闻弦歌之声"。
5. 觞：酒杯。
6. 悦豫：喜悦、愉快，也写作"悦念"。班固《两都赋》序云："是以众庶悦豫，福应尤盛。"

【点评】

这八句话写的是古代士大夫奢华的日常生活。他们扑打着洁白素雅的圆形绢扇，用银烛照亮夜间。无论白天还是晚上，都躺在铺着竹席的象牙床上，听观歌舞，喝酒宴席，觥筹交错，手舞足蹈，日子过得快乐又安逸。

嫡¹后嗣续，祭祀烝尝²。

稽颡³再拜，悚惧恐惶。

【注释】

1.嫡：妻所生为"嫡"，妾所生为"庶"。"庶"本义"众多"，而"嫡子"只有一人。

2.烝尝："烝"与"尝"都是古代祭祀之名，秋天的祭祀为"尝"，冬天的祭祀曰"烝"；而此处以"烝尝"指代所有祭祀活动。《礼记·王制》载，"天子诸侯宗庙之祭，春曰礿，夏曰禘，秋曰尝，冬曰烝。"《诗经·小雅·天宝》也有"礿祀烝尝，于公先王。君曰卜尔，万寿无疆"之句。

3.稽颡：屈膝下拜，以额触地的跪拜礼，以表示高度虔诚，见《礼记·射礼》。

【点评】

这四句话把中国人日常生活的宗教意义做了简明扼要的描述。在中国传统祖先崇拜的信仰之中，"传宗接代"的"香火"观念根深蒂固，亦最为重要。子孙必须一代一代传续，令家族血脉不绝，而四时祭祀也不能有所懈怠，要一拜再拜，恭敬虔诚，以求反躬自省，怵惕警醒，最终能效法先贤，无愧祖先。《朱伯庐先生治家格言》中也说"祖宗虽远，祭祀不可不诚"，即此意也。

笺牒[1]简要，顾答审详。

骸[2]垢想浴，执热愿凉。

【注释】

1. 笺牒："笺"是信纸，"牒"是竹简，此处用来指代书信、文书。
2. 骸：骨头。人体骨骼，大者曰"骨"，小者曰"骸"，一般成年人全身共有 206 块骨骼。

【点评】

　　这里说的是待人接物的又一道理：给人写信，一般都是有事要说，因此务必简洁明快，以求重点突出；而回答别人问题，一定要仔细考虑，审慎周延，详细作答，希望自己的回复对别人有用。这是一种设身处地为他人着想的行为意识，其出发点是"人之常情"，因为读信之人与提问之人，基本都用同样的心态。如同身上脏了就想洗个澡，手捧着热的东西就希望它能变凉，都是人们共同的心理。

驴骡犊特¹，骇跃超骧²。

诛斩贼盗，捕获叛亡。

【注释】

1. 犊特："犊"为牛子，"特"为牛父。
2. 骇跃超骧："骇"是受到惊吓，"跃"是跳起，"超"是彼此竞跑，"骧"是马抬头而快跑。

【点评】

　　这两句话很像中国文学传统中特有的"兴"之手法。前一句说家中的大小牲畜，受到惊吓就会四下乱窜，"一发而不可收拾"。这一句是为了引出后一句，强盗贼人、叛乱分子、亡命分子，一旦为非作歹，也会造成社会的动荡不安。因此，对待他们一定要严惩不贷，追捕诛杀，以求社会安定，家宅安宁。

布射¹ 僚丸²，嵇琴³ 阮啸⁴。

恬笔⁵ 伦纸⁶，钧巧⁷ 任钓⁸。

【注释】

1. 布射："吕布辕门射戟"的简称。三国时刘备与袁术不和，袁术派大将纪灵领兵三万讨伐刘备，刘备只好求助于吕布。吕布将纪灵请入营中，进行调解。他把兵器大戟插在辕门之上，对众人说，如果自己射中了戟上的月牙支，双方即需和解。话毕发箭，果然正中戟支。纪灵只好撤兵，放了刘备一马。

2. 僚丸："宜僚抛丸"的简称。熊宜僚是楚国人，擅长抛球的杂耍。楚庄王派兵包围宋国都城，久攻不下。熊宜僚想出妙计，出敌不意。他在两军阵前抛丸变戏法，让宋军将士个个看得出神。此时楚军突然杀将而来，宋军只能不战而败。

3. 嵇琴："嵇康抚琴"的简称。嵇康为西晋名士"竹林七贤"（嵇康、阮籍、山涛、刘伶、阮咸、向秀、王戎）之一，精通音乐，有《琴赋》《广陵散》传世。《太平广记》卷三百十七载，嵇康夜宿月华亭，得幽灵传授《广陵散》，双方约定不得外传。嵇康一生不拘礼法，针砭权贵，遭牵连入狱，判为死刑。他临死前只求再弹奏一曲《广陵散》，并抚琴叹曰："《广陵散》于今绝矣！"

4. 阮啸："阮籍长啸"的简称。阮籍亦为"竹林七贤"之一，好饮酒，擅长啸。"啸"本为魏晋时期道家吐纳练气的一种功法，也是当时士子的一种时尚。传说，阮籍听说苏门山有得道之士，便往拜会。那道人却只管打坐，不理阮籍。就在阮籍无奈之下，准备离开，行至半山之时，忽然听到山中传来那道士的"啸

声"，震彻云霄。阮籍闻此啸声，顿时开悟，遂以长啸相和。

5. 恬笔："蒙恬造笔"的简称。蒙恬为秦始皇麾下的大将，曾领兵驻边，督造万里长城。而《太平御览》引《博物志》曰："蒙恬造笔"，晋代崔豹也在《古今注》中说："自蒙恬始造，即秦笔耳。以枯木为管，鹿毛为柱，羊毛为被。所谓苍毫，非兔毫竹管也。"但后世学者基本都认定毛笔早在蒙恬之前即已存在，而出土文物也早已证明了这一点。清人赵翼在《陔余丛考》中即写有"造笔不始蒙恬"条，曰："笔不始于蒙恬明矣。或恬所造，精于前人，遂独擅其名耳。"

6. 伦纸："蔡伦造纸"的简称。蔡伦是东汉和帝的常侍，在宫中做杂役，负责监制宫廷用具。《后汉书·蔡伦传》载，"自古书契多编以竹简，其用缣帛者谓之为纸。缣贵而简重，不便于人。伦乃造意用树肤、麻头及敝布、渔网以为纸，元兴元年，奏上之，帝善其能，自是莫不从用焉，故天下咸称'蔡侯纸'。"就是说虽然当时已有竹简、锦帛，但都不便于使用。蔡伦经过观察、研究，用树皮、麻头、破布、旧渔网来制造纸张，而风靡天下，被叫作"蔡侯纸"。

7. 钧巧："马钧精巧"的简称。马钧，汉末著名的发明家，口吃却精于巧思，曾改进织绫机，使丝织效率提高了五倍；又发明龙骨水车，实现了连续灌溉；还复原了黄帝时代的指南车，改进诸葛亮的连弩，利用水力推动齿轮使木偶舞蹈嬉戏……凡此种种，变化无穷，为马钧赢得了"天下名巧"的美誉。

8. 任钓："任公子钓鱼"的简称。据《庄子·外物》载，"任公子为大钩巨缁，五十牛以为饵，蹲乎会稽，投竿东海，期年不得鱼。"而一旦钓到大鱼，则"自制河以东，苍梧以北，莫不厌若鱼者"。这是一个典型的庄子式寓言，说任公子以粗黑绳为鱼线，五十头牛做鱼饵，蹲在会稽山上，面向东海钓鱼，而整整一年也没钓到。直到有一天，有大鱼吞饵，掀起白浪滔天，声如鬼神，震惊千里，而任公子钓到的鱼做成腊肉可供浙江以东、苍梧以北的所有人吃饱。

【点评】

这八句话，分别描述了古代的八位名人。他们以技艺为人调解纠纷、保家卫国、造福社会，都是人中龙凤，值得后人学习效法。而在简洁地说完这些故事之后，《千字文》也下了一句断语："释纷利俗，竝（并）皆佳妙。"

释纷利俗，竝¹皆佳妙。

【注释】

1.竝："并"的异体字。

【点评】

那就是这些人的行为都是为了解开纠纷，利益百姓，都显得极为高明，精巧佳妙。不过，中国古代对技术、发明并不重视，往往视之为"奇技淫巧"，既不禁止，也不提倡，而对其蛊惑人心的作用倒是倍加警惕。这是因为中国传统贯来强调道德，即前文所言"墨悲丝染，诗赞羔羊"。中国这一价值取向在既往的思想史研究中备受批判。但值得指出的是，在技术高速发展，甚至全面"异化"人类生活的今天，中国传统科学哲学中某些正面因素也应该重新加以反思。

读 释 评

毛施淑姿¹，工²颦³妍笑。

【注释】

1. 毛施淑姿："毛"指毛嫱，"施"指西施，都是中国古代著名的美女。《庄子·齐物论》载，"毛嫱西施，人之所美也。鱼见之深入，鸟见之高飞"，即"沉鱼落雁"一语的由来处。

2. 工：善。

3. 颦：皱眉。《庄子·齐物论》中有"东施效颦"的故事，说西施娇美，其心口痛时以手捂心，皱眉咬唇，样子依然很美；而丑女东施见了，也学其姿态，皱眉捂胸，结果却更加难看了。

【点评】

这两句说毛嫱、西施，哪怕是皱眉也如妍笑，可引申为美者自美，清者自清，纵使有过失，也是"君子之过如日月之蚀"。由此可以引入下文对天文之描述。

年矢¹每催，曦晖朗曜。

璇玑²悬斡³，晦魄⁴环照。

【注释】

1. 矢：箭，寓意光阴似箭。

2. 璇玑：亦作"璿玑"，是北斗七星中的第一星至第四星，也泛指北斗星。三国曹丕《让禅表》中有"下咨四岳，上观璿玑"之句。

3. 斡：原意为水瓢之柄，引申为旋转。

4. 晦魄：晦节之月，即每个月最后一天的月亮。

【点评】

　　这四句是说时光易逝，但日月星辰永远朗照高悬。人世间沧桑变幻，而总有亘古不变的真理蕴蓄其间。西哲康德在其名著《实践理性批判》的结尾曾深情地说道："这世间有两种东西，我对它们思考越深沉、持久，它们在我心灵中唤起的惊奇和敬畏就越强烈。这两件东西就是我头上的星空和心中的道德律。"天地自然与道德法则，这两件东西虽并不是真的永恒不变、不增不减，却能在一定时间段内保持稳定，从而给人以力量。结合下文，不难看出，这种将自然与人文相结合的思想乃中国传统文化的重要内容，与康德所说遥相呼应。

指薪¹修祜²，永绥³吉劭⁴。

矩步引领，俯仰廊庙⁵。

束带矜⁶庄，徘徊瞻眺。

【注释】

1. 指薪："指"是通假字，同"脂"；"薪"，木柴。《庄子·养生主》有云，"指穷于为薪，火传也，不知其尽也"。是说薪脂总有烧完的那一天，但火可以永远传下去。用来比喻个体的生命有死亡的那一天，但整个人类作为物种，可以不断繁衍。

2. 修祜："祜"即是福，表示积德修福。

3. 绥：平安。

4. 劭：美好、高尚。

5. 庙：祭祀祖先的地方。

6. 矜：端庄、稳重。《论语·卫灵公》曰："君子矜而不争，群而不党。"

【点评】

指薪修祜，是说要用有限的一生去积德修福，唯其如此，才能永享平安与美好。而积德修福，在一定意义上正象征着康德所谓"心中的道德律"。有如此修为之人，方可心地坦然，昂头迈步，衣带端庄，举止从容，俯仰徘徊于祭祀祖先的廊庙之中，而无愧于前辈先贤。中国传统文化中特有的祖先崇拜，唤起的是与西方宗教信仰一般的敬畏、神圣之感。而这种由家族、先贤所带来的神圣之感，还为中国人个体精神的进退自如和主体性之挺拔，提供了一种更为高远的想象。

孤陋寡闻，愚蒙等诮¹。

谓²语助者，焉哉乎也。

【注释】

1. 诮：讥讽、嘲笑。
2. 谓：至于、说到。

【点评】

　　前言已述，《千字文》是南朝萧梁时期员外散骑侍郎周兴嗣奉梁武帝之命而写的"作业"，是一本训蒙教材。在全文结束的地方，周兴嗣自谦地说自己"孤陋寡闻，愚蒙等诮"，就是"水平不足，见笑于大方之家"之意。原文在此，本即可以告终，可"愚蒙等诮"四字却是仄声结尾，不合音韵。于是，周兴嗣又添了一句"谓语助者，焉哉乎也"，更延续了自谦的意味。从表面上看，周兴嗣是说自己的水平不过是懂几个语气助词而已，但其内里又为全书作为一本识字教材，增加了必要的知识点：文言之中的语助之词，即是焉、哉、乎、也。

　　至此，《千字文》戛然而止，仿佛言有尽而意无穷，让人不禁对中华文化之深远充满了向往。